# IDÉES

## SUR

# LES SIÉGES

## CONFÉRENCE

DONNÉE LE 15 MARS 1872, A LA SOCIÉTÉ MILITAIRE

DE BERLIN

PAR

### KRAFT, PRINCE DE HOHENLOHE-INGELFINGEN,

*Général-major, Général à la suite de S. M. l'Empereur d'Allemagne,*
*Inspecteur de la 2e Inspection d'Artillerie*

TRADUITE DE L'ALLEMAND

PAR

## G. A. PRIM, LIEUTENANT D'INFANTERIE,

ADJOINT A L'ÉTAT-MAJOR DE LA 4ᵐᵉ DIVISION TERRITORIALE

DE BELGIQUE.

PARIS,

J. DUMAINE,

LIBRAIRE-ÉDITEUR

*Rue et Passage Dauphine, 30*

BRUXELLES,

C. MUQUARDT,

HENRI MERZBACH, SUCCESSEUR

LIBRAIRE-ÉDITEUR.

1872.

FRIEDRICH KLINCKSIECK
LIBRAIRE DE L'INSTITUT IMPÉRIAL DE FRANCE.
11, RUE DE LILLE, PARIS.

IDÉES SUR LES SIÉGES.

# IDÉES

## SUR

# LES SIÉGES

## CONFÉRENCE

DONNÉE LE 15 MARS 1872, A LA SOCIÉTÉ MILITAIRE
DE BERLIN

PAR

### KRAFT, PRINCE DE HOHENLOHE-INGELFINGEN,

*Général-major, Général à la suite de S. M. l'Empereur d'Allemagne,*
*Inspecteur de la 2e Inspection d'Artillerie*

TRADUITE DE L'ALLEMAND

PAR

# G. A. PRIM, LIEUTENANT D'INFANTERIE,

ADJOINT A L'ÉTAT-MAJOR DE LA 1re DIVISION TERRITORIALE
DE BELGIQUE.



| PARIS, | BRUXELLES, |
|---|---|
| J. DUMAINE, | C. MUQUARDT, |
| LIBRAIRE-ÉDITEUR. | HENRI MERZBACH, Successeur, |
| Rue et Passage Dauphine, 30. | LIBRAIRE-ÉDITEUR. |

1872.

---

ANVERS. — IMPRIMERIE J.-E. BUSCHMANN.

# NOTE DU TRADUCTEUR.



Il est généralement reconnu que les théories enseignées jusqu'à ce jour sur les opérations des siéges, ne sont plus en rapport avec les armes à longue portée, avec les nouveaux engins de guerre.

Cette conférence, dont je dédie la traduction à l'armée belge, est le fruit de l'expérience tirée de la lutte terrible qui vient à peine de se terminer, et dans laquelle se sont mesurées les forces de deux nations des plus puissantes de l'Europe; elle est l'œuvre d'un officier général dont le nom fait autorité en matière militaire, et qui fut acteur dans le grand drame de 1870-1871, d'abord en qualité de commandant de l'artillerie du corps de la garde prussien, puis comme commandant de l'artillerie au siége de Paris.

Bien que ce travail, comme le dit l'auteur lui-même, ne puisse encore avoir la valeur d'un précis complet et définitif, le lecteur y trouvera des jalons solides et nombreux pour l'étude de cette branche importante de l'art de la guerre.

G. A. P.

# AVANT-PROPOS.

La dernière campagne a été supérieurement féconde en enseignements de tous les genres, sans en excepter la guerre de siége. Vingt forteresses ont été prises par les troupes allemandes ; des deux autres qu'elles ont rencontrées sur leur passage, la première (Bitche) ne fut attaquée ni sérieusement, ni régulièrement à cause de sa situation, la seconde (Langres) fut simplement observée. Parmi ces vingt siéges, on trouve des exemples de toutes les méthodes connues jusqu'à ce jour, depuis l'investissement et la surprise jusqu'au siége régulier.

Bien que le temps restreint qui nous sépare des événements dont il s'agit, n'ait pas permis de rassembler déjà en une théorie nette et précise avec tous les détails qu'elle comporte, le résultat de ces expériences multiples, chacun est convaincu aujourd'hui qu'il n'est plus possible de conduire les opérations d'un siége ainsi que nous l'avons appris jusqu'à présent. Il s'ensuit que tous ceux qui s'occupent de la question, se font sur la meilleure pratique à suivre dans l'avenir, une opinion fondée sur ce qu'ils ont vu, lu ou entendu sur la matière pendant la dernière guerre.

Cette conférence sera l'exposé de mon opinion. Toutefois, il est expressément entendu que les règles qu'elle renferme restent soumises aux modifications que de nouveaux renseignements viendraient y apporter ; elle ne peut donc être considérée comme un précis complet et définitif. Je ferai remarquer, en outre, que je ne veux point m'engager dans des considérations lointaines à propos de nouvelles inventions probables, afin de n'appuyer mes idées que sur le matériel de siége existant, donc exclusivement sur la réalité.

# I.

## INVESTISSEMENT.

Avant de penser à mettre le siége devant une place forte, il faut avoir remporté des avantages sérieux en campagne ; pour prendre une forteresse, l'assiégeant doit être supérieur à l'assiégé, soit numériquement, soit moralement.

Donc, après une campagne victorieuse, l'assaillant marche sur une forteresse avec l'intention de l'assiéger. Avant que le matériel de siége ne soit mis en mouvement, arrivé et organisé, la place doit être cernée.

Le défenseur, s'il possède les éléments nécessaires, cherchera à se maintenir aussi loin que possible en avant de ses ouvrages, afin de pouvoir travailler, sans être inquiété par les feux de l'ennemi, à compléter la mise en état de défense, à terminer ses armements, et pour s'établir provisoirement dans des positions qui conviennent à son rôle. Il en résulte de grands et de petits combats du domaine de la guerre de campagne, qui se terminent par l'investissement de la place. L'assiégeant choisit alors les meilleurs positions que lui offre le terrain et retranche ses batteries de campagne, afin de couper l'assiégé de toutes ses communications avec l'extérieur.

Ici surgit une question de théorie :

A quelle distance des ouvrages de fortification faut-il choisir ces positions ? Dans la pratique, cette question a reçu les solutions les plus diverses ; tantôt elles étaient tellement rapprochées qu'on y établissait définitivement les batteries de siége sitôt qu'elles arrivaient, tantôt elles se trouvaient à des distances très-considérables. En réalité, ce choix est surbordonné d'un côté à la nature du terrain, de l'autre, à la vigueur de la défense.

Il est évident qu'un assiégeant résolu, supérieur par cela même à l'assiégé, doit refouler ce dernier jusque dans la ligne de ses ouvrages, même s'il lui faillait lutter avec ses pièces de campagne, pendant la période des combats d'investissement, contre les gros calibres de la place ; l'artillerie de campagne, dans ce cas, subira quelques pertes, mais sa situation sera loin d'entraîner, comme on pourrait le supposer, son entière destruction.

On se demandera pourtant si, dans de pareilles conditions, il est possible de se maintenir à proximité des ouvrages sans s'exposer à des pertes tellement fortes, sans soumettre les troupes, constamment tenues en alerte, à des fatigues tellement grandes qu'elles puissent compromettre le résultat du siége; l'artillerie de campagne, d'ailleurs, n'est pas pourvue de quantités de munitions assez considérables pour nourrir longtemps, nuit et jour, un feu continu. Si toute l'artillerie de siége, avec des approvisionnements suffisants, se trouvait assez près pour être placée et entrer en action au bout d'un ou de deux jours, on se servirait de l'artillerie de campagne pour rester maître du terrain que l'assiégé aurait abandonné en se retirant derrière ses remparts. Mais ce cas est tout-à-fait exceptionnel. Il se passe ordinairement plusieurs jours, voire même plusieurs semaines, avant que l'artillerie de siége ne soit en état d'ouvrir le feu, et l'on comprendra qu'il n'est pas possible de disputer aussi longtemps au défenseur, à l'aide du matériel de campagne, le rayon soumis au feu de la place. On choisit alors de nouvelles positions en arrière, en ne laissant que les avant-postes, dont les soutiens et les réserves reculeront également, plus ou moins, suivant la nature du terrain.

Le défenseur s'efforcera de rejeter ces avant-postes sur les positions principales, afin de se remettre en possession complète de la zône d'action de son artillerie. L'assiégeant s'y opposera, et il en résultera une série de grands et de petits engagements à la fin desquels, si l'assiégé n'a pas perdu toute énergie, il parviendra à se maintenir sur le terrain disputé, en forçant l'assaillant à garantir des feux de la forteresse, les troupes nécessaires pour soutenir ses avant-postes.

On peut donc admettre que l'assiégé réussira à établir finalement ses gardes avancées de 1000 à 2000 pas en avant des ouvrages, tandis que celles de l'assiégeant seront rarement placées à moins de 3000 pas de la ligne des fortifications, et en général à une distance plus considérable. Enfin, l'assiégeant laissera en général, entre la place et lui, un espace variant entre 2500 et 4000 pas.

Pendant la dernière guerre, il s'est présenté des cas où l'assiégé, après l'investissement, s'aventurait à peine en dehors de ses remparts,

de sorte que l'assiégeant pouvait établir ses premières batteries à moins de 1800 pas. Dans la
théorie, nous supposerons plus d'énergie au
défenseur, sauf à opérer plus rapidement et
plus vigoureusement dans la pratique, lorsque
l'occasion s'en présentera.

# II.

## CHOIX DU FRONT D'ATTAQUE.

Pendant l'investissement et les combats qu
s'y rattachent, on s'occupe a reconnaître la
place, afin de décider sur quel front on dirigera
l'attaque. Eu égard aux inventions récentes qui
sont entrées déjà dans le domaine de la pratique,
il faut prendre aujourd'hui en sérieuse considération des particularités qui n'avaient autrefois
aucune importance.

D'abord, les engins dont nous nous servons
dans la guerre de siége sont de telle dimension,
qu'il est presque indispensable d'avoir à sa disposition un chemin de fer conduisant du pays
jusqu'aux parcs. Cette ligne de communication
est éminemment utile, non-seulement à cause du
grands poids des pièces de siége, mais bien
plus encore à cause de celui des munitions,
dont les approvisionnements doivent être tenus

constamment au complet par des transports journaliers. (Près de 3000 quintaux de projectiles en fer étaient lancés journellement sur Paris; Strasbourg en recevait encore davantage.)

L'existence d'une voie ferrée au pouvoir de l'assaillant, dans le terrain qui précède les fortifications, aura donc une grande influence sur le choix du front d'attaque, et l'on se décidera parfois à conduire l'attaque sur un front plus fort, à l'aide des engins puissants que l'on amènera devant la place par chemin de fer, plutôt que de la diriger sur un front plus faible au moyen du matériel transportable par voie de terre. La question présente moins d'intérêt quand il s'agit de petites forteresses, surtout si les chemins qui les entourent ne sont ni trop éloignés ni trop difficiles. Mais plus la place est étendue, plus cette considération a de valeur. On peut affirmer qu'une grande place de guerre, bien située et vigoureusement défendue, qui possède les ressources de l'industrie avancée, ne tombéra devant un siége régulier que si l'assiégeant se trouve dans les conditions que nous venons d'exposer, et qui seules lui permettront d'employer un matériel supérieur à celui de l'assiégé.

La grande puissance de l'artillerie dont nous nous servons aujourd'hui est une nouvelle considération qui doit entrer en ligne de compte, tant sous le rapport de la portée que sous celui des effets qu'elle produit. Certains fronts réputés inattaquables autrefois, sont devenus très-faibles, et des ouvrages de fortification qui commandaient tout le terrain environnant, sont dominés à présent par des hauteurs dont on ne croyait nullement devoir se défiler lors de la construction de ces ouvrages. Aucune des forteresses existantes, d'ailleurs, n'est en état de résister aux effets des pièces de siége récemment adoptées. Des ouvrages provisoires en temps de guerre, certaines améliorations en temps de paix pourront remédier à cet inconvénient, sans le faire disparaître, car aucun État n'a les moyens de raser toutes ses places fortes pour les rebâtir de fond en combles, et les modifications que l'on y apportera ne seront jamais que des palliatifs insuffisants. D'autre part, il serait impossible de conserver découverte toute la zône battue par les feux de la forteresse. Pour les diverses raisons énoncées ci-dessus, les difficultés de la défense sont considérablement augmentées, et telle forteresse qui n'avait autrefois qu'un seul front attaquable, en présente plusieurs aujourd'hui ; il sera donc plus facile à l'assaillant de choisir celui devant lequel aboutit une voie ferrée.

Une dernière considération, qui a pris de nos jours une grande importance dans le choix du front d'attaque, est l'impossibilité, que nous avons indiquée plus haut, de conserver ras tout le rayon de la place ; la grande distance à laquelle s'établit l'artillerie de siége, permettra à l'assiégeant de trouver des emplacements et des positions où il pourra se tenir et se mouvoir à couvert. Lorsque des parties de terrain de cette espèce sont avantageusement situées, et si l'on a réussi à s'en emparer pendant la période de l'investissement, ces circonstances influeront également sur le choix du front d'attaque, car elles favoriseront parfois les opérations contre des fronts considérés jusqu'alors comme inattaquables.

# III.



Le choix du front d'attaque étant arrêté, on formera le plan directeur, on prendra les dispositions préliminaires, et on réglera le service intérieur des troupes.

Nos instructions et nos ouvrages didactiques ne s'occupent guère du service intérieur; aussi cette branche du service a-t-elle été réglée différemment dans chacune des armées de siége. En général, c'est au commandant du siége qu'il appartient de donner des instructions à cet égard; le commandant de l'artillerie et celui du génie lui proposeront les mesures qu'ils jugeront convenables. L'artillerie et le génie auront presque toujours recours à l'aide des troupes de campagne pour l'exécution des travaux du siége; aussi les troupes de ces armes seront-elles réparties dans les corps constitués, qui pourvoiront à leur entretien. Si l'initiative de ces mesures émane du commandement général de l'armée, les détails de l'exécution causeront des embarras au commandant du siége, parce qu'il arrivera le plus souvent qu'ils ne sont pas en rapport avec les dispositions prises pour la conduite des opérations. Il en résultera en outre une grande perte de temps, et l'on risquera de laisser échapper mainte occasion favorable, faute d'être prêt au moment opportun.

Lorsque, par exemple, les instructions pour la dislocation et l'entretien des troupes de l'artillerie, partant du commandement supérieur, devront leur être transmises directement par le commandant de l'artillerie de siége, cette marche entraînera une perte de temps considérable pour peu que la ligne de front soit étendue ; si, d'un autre côté, le génie et l'artillerie de siége, chaque fois qu'ils se trouveront avoir besoin d'un homme de l'infanterie pour aider au travail, doivent en adresser la demande au commandant de l'armée, ils seront obligés de le faire assez longtemps à l'avance pour rendre possible l'exécution régulière des ordres donnés, et il se passera parfois deux jours pleins avant le retour de la demande approuvée. S'il arrivait pendant le cours des opérations que l'ennemi dégarnît certain point de la défense, ou que le feu de l'assiégeant l'eût considérablement affaibli, circonstances dont on pourrait profiter pour pousser les travaux d'approche, il serait impossible, dans de pareilles conditions, d'entreprendre ces travaux dans la nuit même, et l'assiégé prendrait probablement des contre-mesures pour la nuit suivante. Il en serait de même si le feu inquiétant du défenseur réclamait des ouvrages plus considérables pour couvrir les opérations du siége ; les travaux nécessaires ne pourraient s'effectuer immédiatement, ce qui entraînerait peut-être la destruction complète de plusieurs batteries. Enfin, lorsque le commandant supérieur de l'armée aura dans son ressort l'entretien et la dislocation des troupes du génie et de l'artillerie de siége, il s'élèvera des conflits continuels entre ces dernières et les troupes de campagne.

C'est pourquoi on s'est décidé souvent à incorporer les troupes du génie et de l'artillerie de siége dans les divisions, unités tactiques composées de troupes de toutes armes, auxquelles elles ressortissaient alors sous le rapport de la dislocation, de l'entretien, de la juridiction, et des requisitions de travailleurs. La division, par exemple, à laquelle étaient attachées une ou deux divisions (¹) d'artillerie, leur fournissait les travailleurs dont elles avaient besoin, en réglant ce service, toutefois, de façon que chaque homme eût un jour de repos sur trois au minimum (un jour aux avant-postes, un jour au travail). Dans le cas où le nombre d'hommes nécessaire dépassait celui que la division pouvait fournir, celle-ci s'adressait au corps d'armée auquel elle appartenait, pour obtenir des travailleurs des autres divisions, et ainsi de suite. Notons ici que le plus souvent rien ne s'oppose à ce que les gros et les réserves des gardes avancées prennent part au travail, lorsqu'ils sont établis à proximité et pour autant qu'ils n'aient pas à pourvoir eux-mêmes au service des sentinelles.

La répartition des troupes de siége dans les divisions amenait nécessairement une liaison plus étroite entre elles et les troupes de campagnes ; il s'ensuivait aussi que ces dernières s'intéressaient davantage aux progrès des travaux du siége.

---

(¹) La division d'artillerie de place prussienne, commandée par un officier supérieur, se compose de quatre compagnies.

*(Note du traducteur.)*

Nous sommes d'avis qu'il conviendrait d'adopter cette méthode en général, et de ne placer les troupes de l'artillerie sous les ordres directs du commandant du siége, que dans le cas où le corps chargé des opérations n'excéderait pas la force d'une division.

Cette organisation comportait encore la solution la plus avantageuse d'une autre question de pratique, celle du concours du personnel et du matériel de l'artillerie de campagne aux opérations du siége. Lorsque les divisions n'employaient pas leurs batteries de campagne, elles en détachaient les officiers, sous-officiers et soldats à l'artillerie de siége comme auxiliaires ; il est arrivé souvent même qu'une batterie de campagne, aidée seulement de l'infanterie, construisait une batterie de siége, en faisant servir ses chevaux aux transports, de sorte qu'il ne restait à l'artillerie de siége qu'à diriger l'armement et à servir les pièces. Lorsque l'artillerie de la division ne suffisait pas, cette dernière s'adressait au corps dont elle faisait partie, lequel puisait alors le personnel nécessaire dans l'artillerie du corps.

Enfin, la méthode que nous préconisons permettait encore à l'assiégeant d'avoir en action, d'une manière permanente , 7 ou 8 pièces par compagnie de siége , tandis qu'il n'en avait que 4 là où le service était autrement organisé. L'artillerie de campagne détachait quelquefois des officiers pour le service actif des batteries de siége, jamais les troupes de campagne ne leur fournissaient des servants.

Il pourra évidemment se présenter des circonstances qui nécessiteront d'autres mesures , par exemple, lorsque les cantonnements seront plus ou moins étendus que d'habitude , suivant que la contrée sera plus ou moins peuplée , ou lorsque les troupes pourront cantonner, bivaquer ou camper très-étroitement dans la bonne saison, et se construire des baraques pour la saison pluvieuse. Dans tous les cas , il faut attacher la plus grande importance à ce que le service intérieur et la transmission des ordres soient organisés de manière à permettre leur prompte exécution ; c'est le seul moyen d'agencer convenablement toutes les branches du service et de mener les opérations du siége avec vigueur. Cet objet a été généralement négligé dans nos instructions , nos traités classiques et l'histoire militaire , bien qu'une bonne conduite des opérations du siége en dépende, tout autant que l'emploi rationnel des troupes, en campagne, dépend d'une répartition et d'un ordre de marche judicieux.

Enfin, il est indispensable que l'harmonie la plus parfaite préside aux dispositions de l'artillerie et du génie. Cette condition ne sera remplie que pour autant que les commandants de ces armes se réunissent chaque jour, à l'effet de conférer sur les travaux à entreprendre de part et d'autre, et sur les propositions à soumettre au général commandant le siége. La distance plus ou moins considérable qui sépare les quartiers et les bureaux de ces autorités, prend ici une grande importance.

Lorsque les troupes des armes spéciales seront incorporées dans les divisions, de la façon indiquée plus haut, les officiers les plus anciens des fractions de ces armes seront chargés de la direction des travaux qui leur incombent, et devront être en relation constante, tout comme les commandants supérieurs de l'artillerie et du génie.

# IV.

## CONFECTION DU PLAN D'ATTAQUE.

Il n'est plus possible aujourd'hui d'établir de prime abord un plan directeur avec tous ses détails, ainsi que le faisait le célèbre Vauban, et qui consistait en un tracé précis indiquant les travaux à exécuter jour par jour. La grande portée des armes à feu modernes oblige l'assiégeant à se tenir trop éloigné de la place pour pouvoir obtenir, par ses reconnaissances, tous les renseignements dont il a besoin à cet effet ; il ne faut donc pas compter, en formant le plan d'attaque, préciser d'avance le point sur lequel on ouvrira la brèche et livrera l'assaut. Il importe cependant, avant tout, de fixer l'endroit approximatif par lequel ou tentera l'entrée de la place, car c'est de lui que dépendront l'étendue de l'attaque, les dispositions nécessaires pour enlever certains ouvrages, et surtout les emplacements des parcs, dépôts intermédiaires et autres établissements.

Aussi ne procédera-t-on pas à la confection du plan directeur en commençant par les dispositions pour l'ouverture de la première parallèle, ainsi que cela se pratiquait autrefois, car la grande portée des armes ne permet plus d'entamer les opérations par l'ouverture d'une tranchée à 800 pas de la place, d'autant moins qu'à des distances inférieures le feu de l'artillerie a une telle puissance de destruction, que le moment décisif ne peut se faire attendre.

Ce plan se restreindra donc tout d'abord aux mesures à prendre pour arriver à la possibilité d'ouvrir la première parallèle. Nous reviendrons sur ce sujet en parlant des opérations du siége.

# V.

## MESURES PRÉLIMINAIRES.

En fait de travaux préparatoires que les troupes d'investissement doivent entreprendre avant l'arrivée de l'artillerie de siége, nous remarquons principalement la confection des fascinages et ouvrages en bois, ainsi que l'aménagement du parc et des dépôts intermédiaires, à la condition toutefois que la construction des retranchements dont le corps d'investissement doit se couvrir contre les sorties de la garnison, n'en souffre point.

Pendant la dernière guerre, l'artillerie de siége fabriquait quelquefois ses fascinages de la manière usitée précédemment, c'est-à-dire que les ouvriers étaient réunis dans des endroits déterminés et travaillaient sous une direction centrale. Cette pratique présentait plusieurs inconvénients. D'abord, les hommes avaient parfois un assez long trajet à parcourir pour se rendre à l'atelier, ce qui occasionnait une perte de temps

et de forces ; ensuite ils étaient éloignés de leurs
cantonnements, et manquaient par conséquent
sur les points où l'on comptait les trouver en
cas de sortie de l'assiégé. Il s'ensuivait que l'on
ne pouvait puiser des travailleurs que dans les
réserves, et que la besogne marchait moins rapidement. Enfin, les allées et venues continuelles
de la troupe aux environs des ateliers, décelaient
bien vite à l'ennemi les emplacements des parcs.

C'est pourquoi on dérogea fréquemment à cet
usage. Les troupes recevaient l'ordre de fournir
journellement aux parcs une quantité déterminée
de fascines, de gabions etc., libre à elles de travailler où et comment elles l'entendaient. Cette
manière de procéder s'engrenait parfaitement à
l'organisation du service telle que nous l'avons
proposée ci-dessus. Les ateliers se formaient
naturellement dans les cantonnements occupés
par des batteries ou des compagnies de pionniers
de campagne ; celles-ci confectionnaient les ouvrages, avec l'aide des troupes de l'infanterie can-
tonnées dans les même lieux. De cette façon toute
surprise était impossible. Si l'assiégé faisait une
sortie, il n'en résultait d'autre inconvénient qu'un
arriéré dans la fourniture journalière.

Les matériaux fabriqués étaient transportés au dépôt au moyen de charrettes traînées par les attelages des batteries.

En adoptant cette méthode, on emmagasinait des fascinages dès le troisième jour après la transmission des ordres de travail. Le premier jour était consacré à l'établissement du matériel de fabrication (chevalets, cabestans etc.), le second à la confection, le troisième au transport.

En attendant l'arrivée du personnel de l'artillerie de siége et du génie, on tirera de l'artillerie de campagne et des pionniers, les éléments nécessaires pour organiser une direction provisoire des parcs. Ceux qui seront préposés à ces établissements classeront, rangeront les matériaux et en tiendront la comptabilité. La quantité des ouvrages à fournir par jour doit être calculée de façon que tous les matériaux nécessaires à la première position de l'artillerie et aux communications, soient terminés avant la nuit qui précède le jour de l'ouverture du feu (plus 25 % de réserve pour réparations).

Le choix de l'endroit où l'on fait déposer les fascinages confectionnés est d'une grande importance, parce qu'il doit concorder avec l'emplacement du parc ; le transport réitéré de ces matériaux, amoncelés en immenses quantités, demanderait énormément de temps, au moment même où l'on a besoin des attelages pour des travaux plus utiles, et où leur défaut pourrait causer des retards fort préjudiciables.

Le parc doit être placé hors de portée du canon de la place ; il se trouvera donc rarement à moins d'un mille allemand (¹) des ouvrages les plus avancés.

Le dépôt des fascinages sera le plus rapproché de la place, ensuite viendra le parc des bouches à feu (y compris les machines), puis le dépôt des projectiles, enfin le laboratoire et les magasins à poudre, qui seront les plus éloignés. Pour éviter des transports inutiles, on établira le parc des bouches à feu et le dépôt des projectiles aussi près que possible du chemin de fer.

Par conséquent, si le parc se trouve fort éloigné du rayon d'attaque, un grand nombre de chevaux sera indispensable pour effectuer les transports, et ces chevaux devront rester à la disposition exclusive du parc. Pour cette raison, et à cause

---

(¹) Le mille allemand vaut 7532 mètres.

(Note du traducteur.)

de la nécessité de monter dans le parc des ateliers de toute espéce, il est bon que cet établissement soit situé à proximité d'une grande localité, offrant les ressources convenables pour loger les hommes et les chevaux. S'il est impossible de remplir cette condition, on construira des baraques en nombre suffisant.

Il est inutile de dire que le parc doit être à l'abri des tentatives de l'ennemi, et protégé par des ouvrages de campagne sur les points où cette précaution serait nécessaire.

Avant l'arrivée de l'artillerie de siége, on travaillera également aux batteries qui pourront être construites à couvert des vues de l'ennemi. Comme le rayon d'investissement est très-étendu et qu'il est impossible à l'assiégé de nettoyer tout le terrain compris dans le champ d'action de la forteresse, l'assiégeant trouvera toujours des régions ou des points, même à proximité de la ligne de ses avant-postes, où ses travaux seront dérobés aux regards de l'assiégé, soit par des plis de terrain, soit par des murs, des jardins, des haies, des taillis etc.

On pourra ébaucher des batteries sur tous les points favorables, après les avoir reconnus, et pourvu qu'ils soient situés dans le rayon d'attaque. Ces travaux seront achevés par l'artillerie de campagne du corps de siége, avec l'aide de travailleurs pris dans l'infanterie comme il a été dit plus haut. Nous supposons évidemment que l'état-major de l'artillerie de siége est arrivé et que, sur sa proposition, le commandant du siége a approuvé le choix des emplacements dont il s'agit.

# VI.

## CONSTRUCTION DES BATTERIES.

Pendant les vingt siéges de la dernière campagne, on n'a pas construit moins de 500 batteries. Les genres de ces constructions étaient très-différents. La pratique prescrite par nos instructions ne fut pas suivie, ou bien les batteries qui avaient été construites de cette façon durent être immédiatement modifiées. Ceci n'implique aucunement le blâme de nos instructions, car lorsqu'elles furent données, les effets de l'artillerie étaient loin d'être aussi puissants qu'ils le sont aujourd'hui. Les Français, qui s'en tenaient avec affectation aux prescriptions officielles, ont chèrement expié leur imprévoyance ; leur artillerie ne tardait jamais à être démontée.

Nous passerons en revue les modes de construction qui furent le plus fréquemment employés, en indiquant les circonstances dans lesquelles nous croyons devoir en recommander l'usage pour l'avenir , et les modifications à leur faire subir.

### 1. Batteries ordinaires.

On organisera un dépôt ; les batteries seront commencées dès la première nuit ; on donnera au coffre des proportions beaucoup plus grandes que ne le prescrivent les instructions (24 pieds au minimum) ; on élèvera, de deux en deux pièces, des traverses creuses fortement blindées ; les intervalles restants recevront des parabombes ; point d'embrasure, on se contentera d'enlever, au moyen d'un rateau en bois, une portion de la crète de l'épaulement ; des abris, susceptibles d'être chauffés l'hiver, seront aménagés à proximité pour les servants.

Ces batteries ne peuvent êtres terminées en une nuit ; elles en demandent au moins deux, et davantage dans un terrain difficile à manier. Ce mode de construction se recommande surtout pour les batteries que l'on peut élever à couvert, et dont on achève l'armement avant de les démasquer. Ce seront ordinairement les premières que l'on établira, et par conséquent, dans un siége habilement dirigé, celles qui recevront la plus grande masse de projectiles ; elles devront donc avoir les proportions les plus considérables. Comme ces batteries sont élevées à couvert, le terrain de leurs emplacements sera généralement peu favorable à une construction rapide (dans les taillis, les jardins, près des maisons etc.).

Nous recommanderons encore les règles suivantes, consacrées par l'expérience :

Donner aux blindages le plus de solidité possible. Encaisser les batteries si la nature du terrain le permet. Le recouvrement des traverses blindées aura une grande épaisseur, pour les mettre à l'épreuve du feu plongeant des bouches à feu rayées. Cependant ce recouvrement ne peut être plus élevé que la masse couvrante, afin de ne pas offrir un point de mire facile à l'ennemi ; il faudra donc creuser le terrain au-dessous du niveau de la batterie, s'il existe des issues convenables pour l'écoulement des eaux. On prendra les mêmes précautions pour les abris. On a essayé parfois de former des abris pour les servants, en appuyant en même temps sur le parapet et les parabombes des couverts en charpente ; mais cette disposition est fort mauvaise : Les madriers et les planches ne s'opposent aucunement au passage des projectiles, et les éclats de bois qu'ils produisent ne font qu'ajouter à leurs ravages. D'autre part, un projectile, pénétrant dans un abri, produira une très-mauvaise impresion sur l'esprit des hommes, car la troupe doit jouir d'une parfaite quiétude dans les endroits destinés au repos. On abaissera autant que possible, lorsque la chose sera faisable, le niveau du terre-plein de la batterie, sans toucher aux plates-formes ; de cette façon les servants seront mieux couverts par l'épaulement. On s'est complétement abstenu, quelquefois, de creuser la crête de l'épaulement en manière d'embrasure ; dans ce cas la plongée était à contre-pente ; mais cette construction n'est praticable que dans les terres légères, autrement les eaux pluviales, s'écoulant de la plongée, submergeraient le terre-plein.

On a constaté l'utilité de la construction de deux magasins à poudre par batterie, quand faire se peut ; de cette façon le feu ne subit aucune interruption lorsque l'un d'eux vient à sauter.

### 2. Batteries de siége d'après le mode de campagne.

Cette dénomination s'appliquait à une tranchée revêtue, destinée à recevoir un certain nombre de pièces qui, élevées sur des affuts de siége, tiraient à barbettes ; on y pratiquait des magasins à poudre. Une batterie de cette espèce se construit aisément en une nuit ; on la complète pendant les nuits suivantes en ajoutant des traverses, des abris, des parabombes, et en abaissant le niveau du terre-plein. Lorsque ces batteries étaient exposées au feu de l'infanterie ou aux shrapnels, on était obligé parfois d'augmenter la hauteur de l'épaulement au moyen d'une, deux ou trois couches de fascines, placées dans chaque intervalle. Mais il en résultait de petites embrasures qui facilitaient la visée de l'ennemi.

En général, ces batteries convenaient particulièrement sur les points où l'on voulait promptement ouvrir le feu, donner aux pièces un champ de tir très-étendu, et où l'on pouvait avoir des sorties à repousser sans être en mesure de construire des batteries spéciales à cet effet. Mais l'emploi de ces batteries exige que l'assiégé soit tellement resserré, tellement écrasé par la supériorité du feu de l'assiégeant, que ces batteries parviennent à réduire l'artillerie de la place au silence dès le premier jour, et trouvent leur sécurité dans les effets mêmes qu'elles produisent. S'il est impossible d'obtenir ce résultat, on aura recours à un autre mode de construction.

3

### 3. Batteries masquées.

La méthode prescrite par l'Inspection générale
de l'artillerie pour la construction de ces batteries,
a été fréquemment suivie. Elle présentait l'inconvénient de restreindre considérablement le
champ de tir, les pièces ne pouvant agir que
contre les points en face desquels elles étaient
placées, tandis que les batteries élevées d'après
le mode de campagne permettaient de concentrer
tous les feux sur un même point, pour y écraser
l'assiégé. Par contre, les hommes étaient mieux
garantis dès le commencement du travail. Ce
n'est que le 2ᵉ ou le 3ᵉ jour, quand la batterie
est entièrement terminée, que la direction du tir
peut être changée suivant les besoins de l'attaque. En temps de paix, on trouvait à ce mode
de construction le défaut de donner trop de
terres, dont on ne savait comment se débar-
rasser ; en temps de guerre on n'en a jamais
assez.

Nous sommes d'avis que les batteries du premier genre doivent être employées chaque fois
qu'il sera possible de le faire, c'est-à-dire lorsqu'on pourra les construire à couvert des vues de
la place. Si ces batteries ne suffisent pas, et qu'il

faille en élever d'autres sur des points complète-
ment découverts, on en construira d'après la
troisième métho de (masquées), qui devront être
terminées et armées dans la nuit pendant laquelle
on démasquera les premières. Les hauteurs
découvertes fournissant généralement un bon
terrain, il sera presque toujours possible d'atteindre ce résultat.

Si la nature du sol ne permettait pas de remplir les conditions exigées, on établira des communications sur ces points, immédiatement après
l'investissement. L'assiégé ne battra pas ces
communications d'une manière tellement conti-
nue qu'il soit impossible de s'y tenir. Son feu se
ralentira bientôt, et, sous le couvert de ces communications, on pourra disposer alors les batteries dont la construction et l'armement ne
doivent pas prendre plus d'une nuit.

La deuxième méthode pourra servir pour des
batteries plus rapprochées de la place, alors que
le feu de l'assiégeant aura considérablement affaibli et démoralisé la garnison ; cependant les
batteries de cette espèce pourront également être
employées dès le commencement du siége, au
lieu de batteries masquées, lorsqu'on tiendra
l'assiégé fortement resserré et que l'on disposera

d'un grand nombre de bouches à feu, car on s'épargnera ainsi la construction de batteries spéciales contre les sorties.

#### 4. EMPLACEMENTS CONTRE LES SORTIES.

Lorsque ces batteries étaient armées de pièces de campagne, elles ne rendaient pas les services qu'on en attendait ; la hauteur de genouillère de ces pièces n'étant que de 3 pieds, il s'ensuivait que le matériel était rapidement endommagé. Il est préférable d'armer ces batteries de pièces de siéges de 6, qui ne trouvent guère d'autre emploi au début des opérations. Plus tard, quand on s'est rapproché des ouvrages, l'artillerie n'est plus nécessaire contre les sorties, le feu de l'infanterie doit suffire pour les repousser. On pourra très-avantageusement mettre des mitrailleuses en batterie, notamment sur les points d'où elles battront les chemins que l'assiégé est obligé de suivre pour faire des sorties.

Il sera utile de se conformer en outre aux principes suivants :

On s'attachera surtout, dans le choix de la première position des batteries, à les dérober aux vues de la place, afin de tromper l'assiégé sur leurs emplacements et leur distance. Des taillis, des haies, des plis de terrain, des murs, des maisons, situés à quelques centaines de pas en avant des batteries, empêcheront considérablement l'ennemi d'observer les effets de son artillerie. Nous avons eu des batteries à la recherche desquelles l'assiégé passa des semaines entières sans pouvoir les atteindre, qui n'éprouvèrent donc pas la moindre perte, et dont les effets étaient très-puissants.

Lorsque l'assiégé vient à interrompre son feu, il ne faut pas perdre un instant pour compléter les batteries et réparer les dégradations. Le soldat prussien, de sa nature, est tellement enclin à l'offensive, qu'il aime mieux lutter à découvert que de constuire des retranchements. Dans la guerre de siége il faut combattre ce penchant, qui entraîne infailliblement la perte de beaucoup de monde.

On choisira également des postes d'observation pour les officiers, en recommandant expressément à ceux-ci de ne pas s'exposer au feu de la place sans nécessité absolue. La proportion des pertes en officiers, très forte pour toutes les armes, était la plus élevée dans l'artillerie de siége.

Afin dè profiter du couvert que procurent les

terrains cultivés, il faut s'encaisser aussi profondément que possible.

Dans la construction des batteries, une grande régularité de formes, des talus bien unis, des bords et des crêtes parfaitement taillés seront non-seulement inutiles, mais encore nuisibles, car l'assiégé les visera et les observera beaucoup plus facilement. Une batterie démasquée doit présenter l'aspect d'un amas de terre qui fasse douter l'ennemi sur sa destination, jusqu'à ce qu'il en ressente les puissants effets.

# VII.

## ÉQUIPAGE ET COMPAGNIES DE SIÉGE.

L'équipage et les compagnies de siége arrivent pendant l'exécution des mesures préliminaires. La simultanéité de leur arrivée dépend des moyens de transport. Le parc reçoit le matériel comme il a été dit, et les compagnies sont réparties dans les corps de troupes qui leur sont désignés.

Il n'est pas possible de produire des données exactes sur la force de l'équipage et de l'artillerie de siége ; rigoureusement même, elle ne pourrait être déterminée qu'après la confection du plan d'attaque. Il faudrait alors se régler sur le maximum des bouches à feu qui pourraient entrer en même temps en action, en y ajoutant 10 à 20 % de réserve pour remplacer les pièces démontées. La division de l'équipage de siége en trains et demi-trains (sections) est un fractionnement administratif en temps de paix, pratique en temps de guerre, afin de proportionner, sous le rapport du matériel, la force de l'équipage à l'importance de la place que l'on veut assiéger. En effet, on commencera par mettre ce matériel en mouvement, sans attendre que le plan des opérations soit fixé pour procéder au transport de l'artillerie, après quoi on en augmentera la quantité si c'est nécessaire. Pendant la dernière guerre, certaines places fortes ont été réduites au moyen du quart du matériel habituellement employé; une autre (Paris) aurait exigé, pour en faire le siége régulier, au moins 3 trains prussiens complets.

Quant au calibre, nous employons le canon de 9 centim. (de 6 $\mathcal{R}$) dans les batteries contre les sorties et dans les logements sur des ouvrages enlevés; celui de 12 centim. (de 12 $\mathcal{R}$) dans les batteries rapprochées et partout où il produit des effets suffisants, parce que ses munitions sont beaucoup plus faciles à transporter que celles des pièces de plus gros calibre; le canon de 15 centim. (de 24 $\mathcal{R}$) long, dans les batteries de la première position, et sur les points où la plus grande puissance de percussion et de destruction est nécessaire; le même calibre, court, sert en première position pour le tir plongeant, puis, plus près de la place, tant pour ce dernier usage que pour le tir indirect en brèche et à démolir ; le mortier de 21 centim. pour le tir plongeant aux grandes distances. Le mortier lisse n'est employé que dans le cas où l'on ne dispose pas d'un assez grand nombre de canons de 15 centim. courts et de mortiers de 21 centim.

En admettant que l'emploi du mortier lisse ne soit pas nécessaire, on déterminera à peu près comme suit, la proportion du nombre des différentes espèces de bouches à feu :

Mortiers de 21 centim. 10 %,
canons de 9 centim. 10 %,
   »    » 12 centim. 30 %,
   »    » 15 centim. 50 % (la moitié longs, la moitié courts),

plus quelques-unes des mitrailleuses prises pendant la dernière guerre.

En supposant que l'on dispose du matériel indiqué ci-dessus et en même proportion, que le service intérieur soit organisé comme nous l'avons proposé, il faudra autant de compagnies de siége que l'on aura de fois 7 $\frac{1}{2}$ bouches à feu ; il conviendra de charger une seule et même compagnie (à l'effectif moyen de 200 hommes), du service permanent :

d'une batterie  à 8 pièces de 12 centim.
»  »  » 6 »  » 15 centim.
»  »  » 4 »  » 21 centim.
ou de deux batteries à 6  »  » 9 centim.

Ces détails sont anticipés, car ils appartiennent plutôt aux chapitres traitant du service dans les batteries, et de la marche des opérations du siége.

# VIII.



## FIXATION DU MOMENT DE L'OUVERTURE DU FEU.

Lorsque tous les travaux préliminaires sont terminés, ainsi que l'établissement des batteries situées à couvert des vues de la place et construites d'avance par l'artillerie de campagne, aidée de l'infanterie, il reste encore à élever celles qui seront exposées aux regards de l'assiégé, et qui doivent être construites et armées en une seule nuit, puis à arrêter le nombre et les emplacements des batteries de la première position, destinées à jouer toutes à la fois, enfin, à fixer le moment de l'ouverture du feu.

Les considérations suivantes entreront en ligne de compte pour la fixation du moment de l'ouverture du feu :

1° Toutes les batteries de la première position doivent entrer en action simultanément ; le contraire pourrait amener un échec, fortifier le moral de l'assiégé, ou tout au moins occasionner une consommation inutile de munition. Il faut donc se garder avec le plus grand soin de contrevenir à cette règle.

Nous ferons remarquer, pour éviter tout malentendu, qu'il est arrivé souvent que des pièces puisées dans le matériel de siége, amené par fractions successives, étaient provisoirement mises en batterie pour renforcer la position d'investissement.

Parfois ces pièces peuvent servir isolément à repousser un mouvement offensif de l'assiégé, sans que pour cela leur entrée en action soit considérée comme l'ouverture du feu de l'artillerie de siége, puisqu'elles ont une tout autre destination.

2° On évitera d'ouvrir le feu avant qu'il existe des approvisionnements de munitions assez considérables pour que leur défaut ne cause jamais d'interruption dans le tir. Il n'est pas possible de préciser le chiffre de ces approvisionnements, qui dépend à la fois de la consommation journalière probable et des moyens de transport et de communication au pouvoir de l'assiégeant. Celui-ci devra s'y prendre de telle façon, que s'il fait une nouvelle commande de munitions, il ne puisse épuiser, avant leur arrivée dans les batteries, celles qu'il possède encore et celles qui, commandées antérieurement, lui parviendraient dans l'intervalle. Cette considération est excessivement importante, attendu qu'une interruption du feu permettrait à l'assiégé de réparer les dommages qu'il aurait éprouvés, ce qui équivaudrait à un échec.

Le commandant de l'artillerie fera preuve de caractère en se conformant strictement à ce précepte, car toutes les circonstances se réuniront pour le solliciter à ouvrir promptement son feu. Une forteresse assiégée ne peut être prise assez tôt. Aussi chacun sera-t-il impatient de voir commencer les opérations, et, pour la généralité, les opérations ne commencent que du moment où la voix du canon se fait entendre.

La quantité des approvisionnements nécessaires varie, dans la pratique, entre 300 et 500 coups par pièce.

3° Dans les théories anciennes, on avait fixé le nombre de coups qui devait suffire à chaque pièce pour toute la durée du siége. Ceci n'est plus possible aujourd'hui ; si la place n'est pas tombée, après que chaque bouche à feu aura lancé un nombre déterminé de projectiles, soit 800 ou 1000, il faut être en mesure de continuer le feu, sinon l'assiégeant aura fait de vains efforts. Il est donc indispensable que le complet des approvisionnements soit toujours assuré par la fabrication de munitions nouvelles dans le pays de l'assiégeant.

Il est arrivé que des places ont capitulé au moment même où les munitions de l'assiégeant étaient épuisées, sans que celui-ci fût en mesure de les remplacer. C'est un hasard sur lequel il ne faut jamais compter.

Il s'est présenté des circonstances, cependant, où l'assiégeant était obligé de s'en remettre au hasard sous ce rapport, mais il faut mûrement réfléchir avant de tenter l'entreprise, et la théorie nous apprend que le cas de non-réussite sera une victoire pour l'assiégé. C'est au commandant supérieur de l'armée qu'il appartient de décider, après avoir mûrement pesé les chances de succès, si le siége peut être entrepris dans de pareilles conditions.

La position des premières batteries est subordonnée à la nature du terrain. Nous avons dit plus haut qu'un défenseur déterminé réussira toujours à établir ses avant-postes de 1000 à 2000 pas en avant des ouvrages avancés. La distance des premières batteries aux ouvrages variera donc, suivant la nature du terrain, entre 2500 et 4000 pas. Elles seront armées de canons de 15 centim. (de 24 ℞) longs et courts, et de mortiers de 21 centim. ; leur nombre doit être réglé de façon que leur feu soit supérieur, dès le premier moment, à celui de l'assiégé. Il sera moindre lorsque l'assiégé sera fortement resserré et que ses lignes pourront être prises d'enfilade; il sera plus grand si l'attaque ne peut être conduite que de front. On construira également des batteries destinées à battre les ouvrages avancés, pour en déloger les défenseurs, ainsi que des batteries contre les sorties. Les premières pourront être armées, pour la plupart, de canons de 12 centim. (de 12 ℞), les secondes de canons de 9 centim. (de 6 ℞) et de mitrailleuses.

Les communications et les stations télégraphiques nécessaires devront être terminées avant l'ouverture du feu.

# IX.

## NUIT DE L'ARMEMENT.

Dans la nuit qui précède l'ouverture du feu, on arme les batteries achevées, on termine et arme celles qui sont en voie de construction, enfin, on élève et arme celles qui ne seraient pas commencées. Il est arrivé parfois que l'on procédait pendant le jour à l'armement de quelques batteries ou qu'on le préparait quelques jours d'avance, mais seulement sur les points à couvert des vues de la place. Dans ce dernier cas, il est bon de commencer par le transport des munitions destinées à alimenter ces batteries, et de n'amener les pièces que le dernier jour ou la dernière nuit.

La plus grande prévoyance doit présider aux dispositions pour l'armement, afin d'éviter la confusion et les erreurs pendant la marche de nuit; chacun des commandants de batterie aura soigneusement reconnu le chemin que sa colonne devra suivre, de façon qu'il lui soit impossible de s'égarer. Il faudra redoubler d'attention sur les points où il y aura encore des constructions à élever, car les erreurs seront plus fréquentes en ces endroits, et surtout plus difficiles à réparer.

En général, cette opération s'effectue moins difficilement aujourd'hui qu'autrefois, à cause de la grande portée du canon, parce que, les batteries étant plus espacées, les diverses colonnes pourront suivre des chemins différents et ne pas se rencontrer plusieurs au même endroit.

L'étendue de ces intervalles favorisera également l'opération en diminuant les chances de l'assiégé de nous apercevoir. Si le vent vient de la place, les avant-postes, placés à 1000 ou 1500 pas, n'entendront absolument rien, et quand bien même quelque bruit parviendrait jusqu'à eux, il est douteux qu'ils en reconnaissent la cause. Si cela était cependant, l'assiégé serait obligé, pour empêcher les travaux, de faire une grande sortie qui arriverait infailliblement trop tard, car la garnison, qui ne peut passer toutes les nuits sous les armes, devrait préalablement être rassemblée et formée. L'assiégé ne pourra donc s'opposer au succès de l'entreprise que par un feu d'artillerie exécuté de nuit, sans direction,

4

contre des points dont il ignore complétement la situation, et qui, à la distance de 2500 à 4000 pas, ne mettra évidemment aucun obstacle à la construction et à l'armement des batteries. La seule circonstance capable de faire échouer l'opération serait une grande sortie, habilement combinée, dirigée vers les travaux d'attaque, et qui aurait été projetée d'avance pour la même nuit que celle choisie par l'assiégeant pour armer ses batteries ; elle ne pourrait être par conséquent que le résultat de la trahison ou d'une coïncidence extraordinaire. Ni l'un ni l'autre cas n'entrent en considération. Les précautions les plus sûres contre la trahison consistent à répandre des bruits faux, mais vraisemblables, sur le choix du front d'attaque et la nuit fixée pour l'armement des batteries.

Cette nuit se termine par l'ouverture du feu. Il est indispensable de faire jouer les batteries aussitôt que la clarté du jour naissant le permettra, sinon l'assiégé, apercevant les batteries démasquées et nouvellement construites, ouvrira son feu avant l'assiégeant. Celui des deux adversaires qui tirera le premier aura sur l'autre un grand avantage, parce qu'il pourra observer sans danger l'effet des premiers coups, et corriger le pointage s'il y a lieu. Les batteries d'un ouvrage battu de deux côtés , qui reçoivent des projectiles avant d'être en mesure de riposter , parviendront difficilement à observer avec quelque précision les effets de leur tir. Qu'on se représente du reste la confusion qui régnera inévitablement parmi l'artillerie de la garnison , éveillée au point du jour par le feu de l'assiégeant , et qui devra courir aux remparts pour servir ses pièces sous une grêle de projectiles et de mitraille.

Ici , comme dans la guerre de campagne , l'avantage de surprendre son adversaire et de lui porter les premiers coups équivaut à la moitié du succès.

C'est pourquoi nous admettons , dans certaines circonstances , une exception à la règle que nous avons donnée plus haut, que toutes les batteries doivent ouvrir le feu simultanément. Il peut se faire que l'assiégeant se soit trompé dans ses calculs , et que l'une ou l'autre batterie n'ait pu être complétement terminée ou armée pendant la nuit.

On ne renoncera pas au bénéfice de la surprise pour attendre un demi-jour, ou même un jour plein , que la dernière pièce soit en batterie.

En général, on fixera le moment de l'ouverture du feu de telle façon, que l'on puisse compter sur l'entrée en action simultanée de toutes les batteries de la première position. Ce jour une fois arrêté, il faudra commencer le feu dès qu'il sera possible d'en observer les effets et de corriger le pointage, quand bien même quelques pièces ou quelques batteries ne seraient pas en état de jouer.

# IX.



## SERVICE DANS LES BATTERIES.

Avant la nuit de l'armement , l'artillerie recevra un ordre précis , réglant le service dans les batteries, la manière de relever les troupes, et le service des munitions. Il existe à ce sujet des principes et des instructions ; mais les prescriptions les plus importantes devront se faire sur les lieux, parce qu'elles dépendent uniquement des circonstances. L'attention doit porter principalement sur les points suivants :

Les troupes doivent se relever dans l'obscurité, donc le soir ou de grand matin. En arrivant le matin, les troupes qui reprennent le service auront la faculté de vérifier la direction de leur feu pendant le jour, pour continuer à tirer la nuit avec une certaine précision. Par contre, leur repos sera interrompu immédiatement avant les 24 heures qu'elles auront à passer en activité dans les batteries. En hiver, cette manière de

régler le service causera aux hommes des fatigues auxquelles ils ne sauront résister longtemps
si leurs cantonnements se trouvent à une certaine
distance. On se décidait donc habituellement à
faire relever ces troupes le soir. Il est dange-
reux de relever simultanément le personnel de
toutes les batteries, car l'ennemi aura bientôt
remarqué l'heure à laquelle le feu subit l'interruption inévitable, et il en profitera pour faire
jouer ses batteries au moment où le nombre
doublé des servants offrira un double but à ses
coups.

La quantité de munitions à consommer journellement fait l'objet d'un ordre spécial. En
général, 50 à 60 coups par pièce et par jour
suffisent pour entretenir un feu constant et bien
nourri.

Les commandants de batterie veilleront avec le
plus grand soin à ce que l'on ne tire que strictement le nombre de coups fixé; ils seront responsa-
bles de tout excédant de consommation, lequel ne
sera justifiable que par un ordre reçu ou des circonstances tout-à-fait exceptionnelles. Les magasins
des batteries recevront le double de la consommation journalière, afin d'éviter toute interruption
dans le tir. A chaque reprise du service, le

personnel nouveau apportera des dépôts intermédiaires aux batteries, la quantité de munitions
prescrite pour un jour ; si la consommation a
été plus ou moins forte, on règle le complément
de la provision d'après l'avis qui en est donné
par le commandant de batterie relevé.

Le nombre des officiers et sous-officiers à
détacher à chaque batterie, pour surveiller et
diriger le service, a varié pour chaque siége
suivant l'appréciation des chefs, le besoin du service et le nombre d'officiers et de sous-officiers
disponibles. Au début du siége, on est généralement porté à employer plus d'officiers et de
sous-officiers que le service ne l'exige. Le désir
des cadres de combattre et de se distinguer,
ajoute encore à cet abus. Les officiers et sous-
officiers sont beaucoup plus exposés que les
servants, car ils sont constamment en mouvement et très-souvent découverts en tout ou en
partie, soit pour surveiller et contrôler, soit pour
observer les effets du tir. De plus, la respon-
sabilité qui pèse sur eux les oblige à un
travail d'esprit continuel. Donc, si on en em-
ploie un trop grand nombre à la fois, on
en perdra beaucoup, tant par le feu de l'assiégé
que par la fatigue physique et intellectuelle. Il

est donc important de n'employer des cadres que le nombre strictement nécessaire. L'expérience a démontré qu'un officier suffit pour commander une batterie ; mais il est arrivé souvent que l'on dût confier ce commandement à un sergent-major (Feldwebel [1]), à un vice-sergent-major ou même à un sergent. Les batteries sont partagées, suivant leurs emplacements et les communications qui y conduisent, en groupes dont chacun est placé sous la surveillance d'un officier d'état-major, souvent remplacé par un capitaine.

Comme on fut obligé quelquefois, pendant la dernière guerre, de faire de nécessité vertu, on introduisit une innovation très-heureuse : L'artillerie avait reçu des bouches à feu de deux espèces, nouvellement inventées par la commission d'épreuve, et totalement inconnues à la troupe : le mortier de 21 centim. et le canon de 15 centim. court. Les officiers familiarisés avec ces pièces furent envoyés comme instructeurs aux différents corps de siége, afin d'en surveiller la manœuvre et le service, ainsi que la correction

---

[1] A proprement parler, le premier sous-officier de la compagnie. *(Note du traducteur.)*

du pointage. Ils passaient successivement d'une batterie à l'autre pour en verifier le tir.

Nous voudrions voir conserver dans l'avenir cette répartition des instructeurs, quand elle ne serait que proportionnelle au degré d'instruction de la troupe, et à sa connaissance de la manœuvre modifiée d'après la forme de la pièce. L'adjonction d'un instructeur en quelque sorte comme aide de camp à l'officier d'état-major, permettrait de donner le commandement des batteries à des sous-ordres qui ne sont pas complétement au courant du service de l'artillerie, pourvu que l'on eût affaire à des gens consciencieux.

# XI.



### JUSQU'A LA PREMIÈRE PARALLÈLE.

De la manière dont les opérations auront
marché le premier jour, dépendront les mesures
à prendre ultérieurement. Cependant aucune
théorie ne peut être fondée sur le résultat obtenu,
d'autant plus qu'il sera plus difficile de le connaître aujourd'hui, à cause de la grande distance
à laquelle on se trouve, et du peu de renseignements que l'on parvient à se procurer sur l'ennemi. Toutefois, si l'on a bien jugé les forces
de l'assiégé, et si l'on a convenablement placé
les batteries, il doit suffire de quelques heures
pour s'assurer une certaine supériorité. En même
temps, les batteries qui ont pour objet de battre
les positions que l'assiégé occuperait en avant
des remparts, entreront en action et dirigeront
principalement leur feu sur les endroits où il
aurait placé ses réserves, et sur les édifices ou
autres couverts où il se serait établi. Le feu de

ces seules batteries réussit parfois à rejeter l'ennemi dans la ligne de ses ouvrages. Mais dans la plupart des cas, les avant-postes doivent concourir à ce but. Reste à savoir si l'on profitera de l'impression et des effets produits par les combats du premier jour, pour faire agir les avant-postes le soir même, ou si l'on prendra d'autres dispositions préliminaires ; si leur action s'étendra à tout le front, ou à une partie seulement ; si l'on cherchera à refouler immédiatement l'assiégé dans la place, ou s'il est préférable de se contenter d'abord de quelques faibles avantages, et de le chasser successivement de localité en localité jusque dans ses lignes. La solution de ces différentes questions dépend tellement des circonstances, de la nature du terrain et de l'état moral du défenseur, ainsi que de l'impression produite par l'ouverture du feu, qu'il n'est pas possible de fixer des règles précises à cet égard. Seulement, il ne faut jamais perdre de vue que chaque fois que les avant-postes seront appelés à combattre, ils devront être pourvus d'une certaine quantité d'outils de pionniers, afin de pouvoir s'établir aussitôt sur les points où ils auraient remporté quelque succès. Les pelles seront en plus grand nombre, parce que les ouvrages en terre seront ici les seuls praticables. Les murs, les jardins, les haies, les maisons ne serviront que pour masquer des communications. Si l'assiégé connaît la position des avant-postes, ces obstacles ne suffiront pas pour les garantir contre les gros calibres; au contraire, les débris qui en résultent, projetés dans toutes les directions, ne pourront que leur faire plus de mal.

Si le général commandant le siége juge à propos de repousser immédiatement l'assiégé jusque dans ses fortifications, il fera concourir également l'artillerie de campagne de l'armée de siége à cette opération.

En décidant la question de savoir si l'on agira de la sorte ou si l'on préférera gagner successivement du terrain sur l'assiégé, il est nécessaire de bien peser toutes les circonstances, comme en général, du reste, pour toute entreprise d'une importance majeure. Lorsque, après l'ouverture du feu des premières batteries, on sera parvenu à rejeter l'assiégé dans sa ligne de défense, les troupes d'investissement ne doivent plus lui permettre d'en sortir, car elles seront appuyées plus vigoureusement par le canon de l'attaque que l'adversaire ne sera soutenu par le feu des remparts. Le résultat ainsi obtenu d'un seul coup favorisera la marche des approches, mais il faut être sûr du succès avant de tenter l'entreprise.

--L'ouverture du feu procurera à l'assiégeant un grand avantage, celui de pouvoir plus facilement reconnaître les abords de la place. En effet, l'attention de l'assiégé se portera tout entière sur les batteries, qui le presseront et l'auront bientôt forcé à évacuer la plupart de ses postes d'observation. L'assiégeant sera donc promptement à même de savoir à quelles dispositions ultérieures il devra s'arrêter.

Un défenseur énergique se sera tracé un plan de conduite avant l'ouverture du feu, et aura choisi les points sur lesquels il compte établir, par la suite, des batteries destinées à opérer offensivement contre l'assaillant. Ceci sera facile surtout si la place est entourée d'une ligne de forts détachés, dans les intervalles desquels l'assiégé placera les batteries dont il s'agit. Il ne faut pas perdre de vue non plus que l'assiégeant ne peut connaître les défenses de la place dans tous leurs détails, et que l'ennemi se servira peut-être de certaines lignes ou de certains ouvrages que l'on n'avait nullement pris en considération. Ces deux circonstances feront parfois reconnaître à l'assiégeant dès le premier jour, que le nombre de ses premières batteries n'est pas suffisant, ce qui l'obligera à en construire de nouvelles jusqu'à ce qu'il se soit assuré la supériorité. L'assiégé vigoureux, qui en a les moyens, paraîtra constamment sur de nouveaux points avec un grand déploiement d'artillerie, et forcera l'assiégeant à lui opposer à chaque instant de nouvelles batteries ; il réussira de cette façon et suivant les moyens qu'il possède, à retarder les progrès du siége pendant des jours, des semaines, voire même des mois entiers. Le défenseur contemporain le plus célèbre, le général *de Todleben*, place dans cette manière d'opérer tout le pouvoir de la défense, qui n'est alors réduite à l'impuissance que par l'avantage de l'assiégeant de pouvoir à tout moment compléter ses munitions, ce qui seul lui permettra d'atteindre son but, c'est-à-dire, de s'assurer sur l'assiégé une grande supériorité matérielle ou morale, sans laquelle il lui faudrait renoncer au succès.

Cette supériorité se manifeste par le silence de l'assiégé, qui ne tient plus sur les remparts. Il tentera cependant, même si les batteries de l'assaillant ont joué toute la nuit, de reprendre son tir le matin, mais il ne le soutiendra pas; il essayera aussi pendant le cours de la journée, de faire avancer quelques pièces, que le feu de l'assiégeant fera bientôt disparaître.

Pendant ce temps, les avant-postes gagneront de plus en plus de terrain, s'enterreront et établiront des communications en arrière. L'assiégeant trouvera aussi l'occasion de faire avancer les batteries de la première position qui seraient trop éloignées du but et dont l'efficacité ne serait pas assez grande; à cet effet, on n'éteindra le feu des batteries à déplacer, qu'après que les nouvelles auront été construites et armées sous la protection des autres.

# XII.

## PREMIÈRE PARALLÈLE ET TRAVAUX DE SAPE.

Les avant-postes, en avançant tous à la fois, se rendent maîtres du terrain sur lequel on se propose de tracer la première parallèle.

D'après l'ancienne théorie, l'ouverture de la première parallèle constituait une des principales opérations du siége, à laquelle on employait des travailleurs en grand nombre, exposés aux vues de l'assiégé et par conséquent à de grandes pertes. Nous sommes d'avis qu'après avoir débuté par le jeu d'un premier établissement d'artillerie, l'ouverture de la première parallèle se fait avec plus de sécurité et moins de pertes, les avant-postes ayant pris d'avance possession du terrain, comme nous l'avons dit plus haut, et s'étant reliés entre eux par des tranchées-abris que l'on prolongera et élargira pour en former la parallèle. De cette façon, pourtant, la parallèle ne sera pas achevée en une seule nuit,

et il faudra considérablement renforcer les avant-
postes pendant plusieurs nuits consécutives.

La méthode que nous conseillons offre encore
un autre avantage :

Plus les opérations, judicieusement et heureu-
sement conduites , feront prévoir une issue
favorable du siége , plus le penchant des troupes
pour l'offensive prendra de caractère, surtout
dans l'infanterie, et plus le soldat éprouvera de
répugnance à manier les terres ; il trouvera
indigne de lui cette besogne malpropre, et aspi-
rera à forcer des retranchements plutôt qu'à en
élever. Cette tendance acquerra plus de force
encore si l'infanterie est considérée uniquement
comme une masse de travailleurs, mise à la disposition du corps du génie. La répugnance du soldat pour ce genre de travaux sera moindre si on
en charge les avant-postes, renforcés en consé-
quence, soit par des bataillons, soit par des
régiments ou même des brigades entières , en
répartissant les hommes du génie parmi ces
troupes en qualité d'instructeurs, ainsi que
cela se pratique pour les travaux de l'artillerie.
De cette façon l'infanterie s'intéressera aux travaux, parce qu'elle aura le droit de s'attribuer
le mérite de leur exécution.

Nous voudrions ajouter comme précepte général pour les travaux d'approche ultérieurs, que partout où il sera possible de le faire, on n'avancera que par le moyen de tranchées-abris reliées entre elles par des boyaux de communication, en n'ouvrant des sapes (volantes ou ordinaires) qu'aux endroits où elles seront indispensables. En opérant de la sorte, les travaux marcheront plus rapidement, s'effectueront avec plus de sécurité et avec moins de pertes, surtout quand ils seront protégés par des feux de mousqueterie de rempart et d'artillerie bien dirigés. Cette méthode n'est pas neuve. Elle fut maintes fois mise en pratique dans différentes guerres. Nous exprimons seulement le désir de la voir ériger en principe, de façon à laisser au général commandant le siége le soin de décider, d'après la connaissance qu'il aura acquise de la vigueur et de la vigilance de l'assiégé, s'il y a lieu d'ouvrir immédiatement la parallèle en entier, ou s'il est préférable de ne la former que par l'extension successive de tranchées-abris.

La distance de la première parallèle à la place dépendra du succès des avant-postes, par conséquent de la vigueur de l'assiégé et de la nature du terrain. En général, les feux d'infanterie et

de mousqueterie de rempart à longue portée,
partant de la première parallèle, devront être
tellement accablants pour les troupes occu-
pant les ouvrages, qu'il soit presque impossible à un fantassin ennemi de se montrer
derrière le parapet. La distance de la première
parallèle aux fortifications ne pourra donc guère
dépasser 1000 pas. (Nous supposons évidemment
ici que notre infanterie soit pourvue déjà d'une
arme à longue portée.) Il sera difficile d'ouvrir
la première parallèle à une distance beaucoup
moindre, si la défense est vigoureuse.

# XIII.

## DEUXIÈME POSITION DE L'ARTILLERIE.

Dès que les tranchées-abris qui doivent former
la première parallèle offriront une protection suf-
fisante pour donner aux troupes la confiance vou-
lue, on commencera la disposition des batteries
de la deuxième position. Ces nouvelles batteries
sont nécessaires, parce que celles de la première
position sont trop éloignées pour réduire, par la
précision de leur tir, tous les moyens de la défense. La position de ces nouvelles batteries sera
plus exactement déterminée que celle des premières, d'après la situation des lignes et des
ouvrages de fortification. Le second établissement
comprendra des batteries à démonter, à ricochet,
à tir plongeant, de brèche, à démolir, et des
contre-batteries.

Notons ici que le nombre des batteries à ricochet devra être considérablement réduit dans la
deuxième position, et que presque toutes les

batteries auront à remplir plusieurs objets, soit à la fois, soit successivement ; il serait donc bon de supprimer leurs différentes dénominations. Notre cadre ne nous permet pas de discuter ce sujet, qui est du domaine exclusif de l'artillerie.

Une partie des batteries avancées de la première position pourra quelquefois former le commencement de la seconde, mais il faudrait, pour fixer à cet égard des règles théoriques, examiner tous les cas susceptibles de se présenter.

Dans les nouvelles batteries, le canon de 12 centim. sera le plus souvent employé pour le tir à démonter et à ricochet, le canon de 15 centim. court, en grande quantité, pour le tir plongeant ; le mortier de 21 centim. et le canon de 15 centim. long continueront le feu dans la première position, et éventuellement dans les batteries avancées.

En établissant les batteries destinées à recevoir le canon de 15 centim. court pour le tir plongeant, on ne perdra pas de vue que quelques-unes d'entre elles devront concourir ultérieurement, avec la totalité ou une partie de leurs pièces, à ouvrir la brèche par le tir indirect, ou devront remplacer les batteries à démolir et les contre-batteries.

C'est alors que l'on construira également des

batteries de mortiers lisses, mais dans le cas seulement où l'on ne posséderait pas un nombre suffisant de mortiers de 21 centim. et de canons de 15 centim. courts.

La distance de la deuxième position à la forteresse sera un peu moindre que la moitié de la première. Mais il est impossible d'assigner une distance déterminée à ce nouveau placement, pour le choix duquel la nature du terrain sera le meilleur guide. Seulement, si ces batteries sont établies en arrière de la parallèle, elles devront en être éloignées d'au moins 3 à 400 pas, afin que les hommes qui s'y trouvent soient à l'abri des goupilles et des fragments de chemises de plomb ; de plus, le tir à démonter, exécuté à plus de 1600 pas, demandera une grande consommation de munitions pour produire l'effet désiré, ainsi que le tir en brèche plongeant exécuté à plus de 1200 pas. La première parallèle ne recevra donc que de rares batteries de ces espèces. Remarquons encore que le tir en brèche plongeant, qui exige un angle de chute considérable, produirait peu d'effet aux courtes distances à cause de la faible charge qu'il faudrait employer ; les batteries destinées à cet objet ne seront donc guère placées à moins de 1000 pas des ouvrages à battre. Les approches seront conduites par trois ou quatre parallèles jusqu'au couronnement, sous la protection des feux des deux lignes d'artillerie et de la mousqueterie.

Il est quelquefois nécessaire de placer quelques batteries entre les parallèles, mais ce cas se présentera fort rarement si les deux lignes d'artillerie ont été correctement établies et sont convenablement servies.

Dans la pratique, il est arrivé qu'il fallût élever de nouvelles batteries en remplacement d'autres que les travaux d'approche masquaient au point d'empêcher complétement leur tir.

# XIV.

## BRÈCHE.

En arrivant sur le glacis, d'où l'on pourra suffisamment apprécier la force des ouvrages, on arrêtera l'emplacement exact de la brèche, ainsi que ceux des descentes et passages de fossé. On décidera en même temps s'il y a lieu de recourir à la guerre souterraine, dont nous n'avons du reste rien de neuf à dire.

Il est excessivement rare que l'on ne puisse ouvrir une brèche par le tir plongeant, pourvu qu'on soit en situation d'en observer les effets, soit du couronnement, soit de tout autre lieu. Il sera donc presque toujours inutile d'établir des batteries dans le couronnement. Lorsqu'on ne pourra s'en dispenser, soit pour ouvrir la brèche, soit pour la rendre praticable, ces batteries seront armées le plus souvent de canons de 9 centim. (de 6 ₶), qui compenseront l'efficacité moindre de leur tir, par l'envoi d'un nombre plus considérable de projectiles.

Nous admettons, comme nous l'avons dit, qu'en général les batteries du couronnement ne sont pas nécessaires, et que les batteries à tir plongeant, quand on peut en observer les effets, suffisent amplement à produire le résultat voulu.

Après l'ouverture de la brèche et l'établissement des descentes et passages de fossé, on livrera l'assaut.

Si la maçonnerie a été convenablement démolie, si l'ouvrage est battu par le tir bien dirigé des deux lignes d'artillerie, s'il est balayé par une grêle de shrapnels et d'obus, on se trouvera peu fréquemment dans l'obligation d'attaquer la brèche de vive force, parce que l'assiégé ne pourra se maintenir derrière le parapet. Si l'assiégeant parvient à rejeter les défenseurs à quelques centaines de pas en arrière, il réussira en général à occuper la brèche et à s'y loger par surprise.

S'il y a moyen d'établir de l'artillerie dans les logements, on y mènera d'abord les pièces les plus légères.

Lorsque la place aura des forts détachés, ces ouvrages serviront de point de départ aux nouvelles opérations à diriger contre l'enceinte principale.

# XV.

## CONCLUSION.

S'il nous était donné de fabriquer un nouveau canon de 24 <sup>centim.</sup> court, l'efficacité des batteries de la première position y gagnerait considérablement, et l'introduction d'un canon de 12 <sup>centim.</sup> court et léger, outre l'avantage d'augmenter la puissance du tir plongeant, permettrait de supprimer complétement le canon de 9 <sup>centim.</sup>. L'équipage de siége se trouverait ainsi réduit à trois calibres : ceux de 12, de 15 et de 24 <sup>centim.</sup>, simplification notable que l'on ne saurait priser trop haut.

Enfin, disons pour terminer que l'on tentera la prise d'une place par une attaque d'artillerie précipitée, chaque fois que le défaut d'énergie du défenseur, qu'il ait des causes matérielles ou morales, dispensera de passer par tous les travaux d'un siége régulier. Le bombardement rentre également dans cette catégorie. Mais on

n'emploiera ce dernier moyen que si l'on est à
même de le faire suivre immédiatement d'une
attaque régulière, dans le cas où il n'aurait pas
amené la reddition de la place, sinon ce serait
faire abandon de la victoire à l'ennemi.

FIN.

# TABLE DES MATIÈRES.

www.ingramcontent.com/pod-product-compliance
Ingram Content Group UK Ltd.
Pitfield, Milton Keynes, MK11 3LW, UK
UKHW022117070726
13613UKWH00003B/1122